BEI GRIN MACHT SICH IHR WISSEN BEZAHLT

- Wir veröffentlichen Ihre Hausarbeit, Bachelor- und Masterarbeit

- Ihr eigenes eBook und Buch - weltweit in allen wichtigen Shops

- Verdienen Sie an jedem Verkauf

Jetzt bei www.GRIN.com hochladen und kostenlos publizieren

Paolo Parisi

Personennamen und Identität

GRIN Verlag

Bibliografische Information der Deutschen Nationalbibliothek:

Die Deutsche Bibliothek verzeichnet diese Publikation in der Deutschen National-
bibliografie; detaillierte bibliografische Daten sind im Internet über http://dnb.d-
nb.de/ abrufbar.

Impressum:

Copyright © 2013 GRIN Verlag GmbH
Druck und Bindung: Books on Demand GmbH, Norderstedt Germany
ISBN: 978-3-656-46165-4

Dieses Buch bei GRIN:

http://www.grin.com/de/e-book/230142/personennamen-und-identitaet

GRIN - Your knowledge has value

Der GRIN Verlag publiziert seit 1998 wissenschaftliche Arbeiten von Studenten, Hochschullehrern und anderen Akademikern als eBook und gedrucktes Buch. Die Verlagswebsite www.grin.com ist die ideale Plattform zur Veröffentlichung von Hausarbeiten, Abschlussarbeiten, wissenschaftlichen Aufsätzen, Dissertationen und Fachbüchern.

Besuchen Sie uns im Internet:

http://www.grin.com/

http://www.facebook.com/grincom

http://www.twitter.com/grin_com

Ruprecht-Karls-Universität Heidelberg

WS 2012/2013

Seminar: „Der Mensch als Person und Persönlichkeit"

Referent: Paolo Parisi

„Personennamen und Identität"

Schriftliche Ausarbeitung des Referats

Inhaltsangabe

1. Historisches

Im Frühmittelalter orientierte sich die Namengebung an familiale, gentile oder regnumsspezifische Gesichtspunkte (vgl. Debus 2003: 82). Es herrschte die Grundeinstellung, dass Familie und Name den Adel ausmachen. Wes Namen ich trage, des Hause ich bin. So lautete das Motto, an das sich die damalige Gesellschaft orientierte. Doch wie der Adel, so verpflichtete auch der Name, der diesen bezeugte. Die hohe Wirksamkeit des Namens musste also dazu beigetragen haben, dass dieser eine identitätsstiftende Funktion hatte.

Genus und *nomen* sollten kohärent sein wie *genus* (Geschlecht) und *mores* (Verhalten, die Art). Das Leben des Adels sollte getragen werden von edlen Taten, so wie es sich für einen Adligen geziemte, *vita nobilis* und *actio nobilis* waren somit untrennbar (vgl. Bosl 1973, zit. in: Debus 2003: 82). Diese familiale und gentile Zugehörigkeit zeigte sich schließlich in Nachbenennungen, d.h. „die Wahl des Namens nach einem direkten Vorfahren" (Seibicke 1982: 117), der Übernahme gleicher Namenglieder oder in der Alliteration der Namen (vgl. Debus 2003: 82).

„Auch in der mittelalterlichen Literatur spiegelt sich dieser Sachverhalt, so im Heldenlied – z.B. im „Hildebrandslied" mit *Hildebrand, Hadubrand, Heribrand* oder im „Nibelungenlied" mit *Gunther, Gêrnôt, Gîselher* –, dann auch in der Bauernstand betreffenden Dichtung – z.B. im „Helmbrecht" " (Debus 2003: 82 f.), in welchem, als Folge der Nachbenennung, über drei Generationen hinweg der Name Helmbrecht erscheint (vgl. ebd.).

Im 12. Jh. trat jedoch eine umwälzende Neuerung ein, denn hagiologische Namen gewannen immer mehr an Bedeutung (vgl. Debus 2003: 83; Seibicke 1982: 134 f.). Dies sind Namen, die auf Heilige hinweisen, die zudem durch ihre Heiligenlegenden einen relativ hohen Bekanntheitsgrad hatten. Religiös motivierte Namen waren auch biblische Namen als Rufnamen. „In beiden Fällen handelt es sich um motivische Bedeutsamkeit, welche den Namen mit einer bestimmten Intention wie Erwartung, Gedenken, Beschwichtigung, Verehrung erfüllen soll" (Sonдеregger 1987: 17). Die Namenvielfalt wurde dadurch geringer, es kam zu einer Reduzierung auf heilige und biblische Namen (vgl. Debus 2003: 83).

Im 17. Jh. trat dann eine Hinwendung zu deutschen Namen ein, die bereits im 16. Jahrhundert im Zuge der Reformation begann (vgl. Seibicke 1982: 138 ff.; Debus 1987: 68; Debus 2003: 84).

2. Personennamen und Identität

Personennamen (PN) sind identitätsstiftend. Konsequenterweise ist die Namenlosigkeit gleichbedeutend mit Anonymität. Denn erst durch eine Benennung wird der Mensch namhaft gemacht, er wird unterscheidbar von den anderen und dadurch auch identifizierbar (vgl. Debus 2003: 77). „Der Name wird juristisch *definiert* als die ständige sprachliche Kennzeichnung einer Person zum Zwecke ihrer Unterscheidung von anderen" (Diederichsen 1987: 74). Nach Schramm 1957 schafft erst der Name seine Person, „*[d]arum ist der Name kostbarer Besitz, ohne den ein Mensch nicht wirklich leben kann*" (zit. in: Debus 2003: 77). Es gilt, dass der Name als Eigenname Identität stiftet. Dieser Feststellung liegt die Auffassung zu Grunde, dass Name und Namenträger eine **wesenhafte Einheit** darstellen und hierbei der Name für die Person steht, die Person wiederum für den Namen (vgl. Debus 2003: 78).

2.1. Beziehung Name - Referenzsubjekt

Ein gegebener Vorname sollte in Deutschland, was gesetzlich geregelt ist, keine Bezeichnung für Dinge oder Gegenstände sein, sowie kein Markenname. Schon rein sprachlich betrachtet wäre nämlich eine sogenannte „sortiale Restriktion" (Lötscher 1995: 452) nicht mehr gegeben. Der PN ist dabei dafür typisch, dass er sich auf ein Referenz*subjekt* bezieht und nicht auf ein Referenz*objekt*, wie es beim Bezeichnen von Dingen und Gegenständen der Fall ist (vgl. Wimmer 1995: 374). Darum ist der PN strikt von anderen Namen, die nicht für die Benennung von Personen üblich sind und für diese nicht gebraucht werden, zu trennen.

Bezeichnungen für Blumennamen sind bspw. ebenfalls nicht erlaubt, da das Wohl des Kindes möglicherweise in Gefahr stehen würde, denn für dieses könnten logischerweise durch Hänseleien Nachteile entstehen. Die eigene Identität, die aus dem Bezug zum eigenen Namen erfolgt, bliebe hierbei nicht unbeeinträchtigt. Dasselbe gilt hier auch für Tierbezeichnungen, so wurde im Deutschen die Verwendung von Möwe als Vorname abgelehnt (vgl. Diederichsen 1987: 82).

„Eine Zone der Unsicherheit bildet die Verwendung von Pflanzenbezeichnungen („Blumennamen") als Vornamen für Mädchen." So wurden viele Mädchennamen beibehalten, weil sie eine andere lautliche Form haben. Namen wie z.B. Veilchen, Maßliebchen, Tausendschönchen wurden abgeschafft.

Andere Namen hingegen wie Erika, Heide, Linde, Birke (alles Homonyme) wurden beibehalten, weil sie nur zufällig entstanden sind, Bsp. Erika aus Erich/Erik; Heide und Linde aus den Suffixen –heid und –linde, Birke aus Birgit (vgl. Seibicke 1982: 26).

2.2. Vornamen und Nachnamen

Von Vornamen (VN), wie wir sie heute verstehen, können wir in Deutschland erst sprechen, seitdem sich das einnamige anthroponymische System zum zweinamigen entwickelt hat.[1]

Für die jeweilige Person bedeutet dies, dass jeder Vor- und Nachnamen besitzt und dadurch eindeutig identifiziert werden kann, er ist sozusagen ein Unikum. Für die Identität des einzelnen Namenträgers bedeutet das wiederum, dass sie in folgende zwei Teilaspekte differenziert werden kann: in einen persönlich-individuellen und einen gruppenspezifischen, letzterer ist durch den Terminus Familienname (FN) gekennzeichnet (vgl. Debus 2003: 79), „denn mit dem erblichen Nachnamen ist die Bindung an die Familie mit dem historisch gewordenen, durch die Familienangehörigen geprägten Profil schon bei der Geburt gegeben" (ebd.).

2.3. Offizielle und inoffizielle Funktion von Namen

2.3.1. Offizielle Funktion von Namen

Hier handelt es sich um die öffentlich-administrativ-rechtliche Sichtweise. VN und FN dienen in diesem Fall als Einheit zur Identifikation einer Person und dies nach streng festgelegten orthographischen Regeln (seit Einführung des BGB 1900) (vgl. Debus 2003: 79). Mit dem Bsp. Helmut hätten wir folgende vier graphische Varianten, die in ihrer offiziellen Funktion zugleich vier verschiedene Namen wären: Helmut, Hellmut, Helmuth, Hellmuth. In der Aussprache wäre der Name identisch. Erst eine phonische Variante als Angewandtes greift jedoch in die Identität einer Person über (vgl. Seibicke 1982: 100).

---

[1] In Regensburg bspw. bereits 1. Hälfte 12. Jh. belegt. Die Ursachen, die zur Entstehung des Familiennamens führten, „waren einerseits die spätmittelalterliche Verstädterung bzw. die damit einhergehende zunehmende Verbürokratisierung der Gesellschaft und andererseits die starke Reduzierung des VN-Schatzes bzw. die damit zusammenhängende mangelnde Unterscheidung durch Gleichbenennungen" (Debus 1987: 53).

2.3.2. Inoffizielle Funktion von Namen

Im weiteren Sinne würde eine bestimmte Aussprache eines Namens, oder auch eine Kurzform eine inoffizielle Funktion haben, zugleich auch in die Identität übergreifen.[2] Denn eine Identifikation mit dem eigenen Namen ist kodebezogen, d.h. „[j]emand wird in einer Kommunikationssituation mit einem bestimmten Namen bezeichnet, weil er konventionell in einer Sprachgemeinschaft mit dieser Lautkombination identifiziert wird, ohne Bezugnahme auf irgendwelche klassifikatorischen Merkmale" (Lötscher 1995: 452).

Im engeren Sinne wäre eine inoffizielle Funktion gegeben, wenn sie als ein von der Gemeinschaft verliehener Zusatzname, den eigentlichen Namen verdrängen würde. So spielt in bestimmten Gemeinschaften, wie z.B. das Dorf, der FN kaum eine Rolle, er ist oft nicht einmal bekannt. Dafür haben sich ins Gedächtnis der jeweiligen Gemeinschaft andere (Zusatz-)Namen eingeprägt, die zunächst ausschließlich die Funktion von Kose-, Spitz-, Neck- und Spottnamen hatten. Ein einmal gegebener Name bleibt sodann fester Bestandteil einer Lebensgeschichte (vgl. Debus 2003: 79 f.). Man könnte in diesem Falle auch von einer Art Etikett sprechen, mit der sich eine Person allmählich abfindet, bzw. dessen Konnotation mit der Zeit nur von zweitrangiger Bedeutung wird, während letztlich die denotative Funktion, also die Funktion als Bezeichnung, die zur Unterscheidung einer Person dient, bleibt.[3]

3. Namensänderung, Änderung der eigenen Identität?

Bei der Namensänderung ist von Wichtigkeit, dass eine Änderung im Wesen signalisiert werden soll, dies nicht nur für den Namensträger selbst, sondern auch nach außen hin. Ob eine Wesensänderung wirklich erfolgt ist, steht nicht unbedingt im Mittelpunkt. Wichtig ist, dass der Anspruch der Namensänderung gerecht werden soll. Ein berühmtes Beispiel wäre hierbei die Namensänderung des Saulus zum Paulus. In diesem

---

[2] Ein auf Personennamen bezogenes Identitätskonzept, das speziell innerhalb der Namenforschung thematisiert wird, widmet sich insbesondere der Variantenproblematik und stellt sich bspw. die Frage, ob die Kurzform Hans als Variante von Johannes oder als eigenständig lemmatisierter Name zu betrachten ist (vgl. Brendler 2008: 54).

[3] Es sei hier angemerkt, dass in der Philosophiegeschichte für diese Unterscheidung Stuart Mill bedeutend war, der in *A System of Logic* feststellte, dass Namen keine Konnotationen haben, sondern nur bezeichnend sind. Dies könnte anhand von folgendem Beispiel erklärt werden: Schneider bezeichnete ursprünglich jemanden, der Schneider war. In seiner jetzigen Verwendung als Name gibt der Name jedoch keine Information über den Beruf des Trägers. Dies ist es letztlich, was den Namen Schneider von der Kennzeichnung „der Schneider" unterscheidet (vgl. Rödl 2010: 1694, Sp. 1).

Fall haben wir auch eine semantische Neubestimmung, denn Saulus bedeutet der Erbetene, Paulus hingegen der Kleine. Ein weiteres Beispiel wäre die Papstwahl. Der Papst nimmt bekannter Weise nach der Wahl einen neuen Namen an. Die Annahme eines besonderen Amtes spielt hier eine große Rolle. Auch Mönche und Nonnen ändern ihre Namen, wenn sie in einen Orden eintreten (vgl. Debus 2003: 80). Weitere bekannte Fälle der Namensänderung wären die künstlerisch motivierten. Dass man einen Wandel vollzogen hat vom normalen Bürger zu einem Schriftsteller, das signalisiert bspw. das Pseudonym von Schriftstellern. Nicht selten hat sich das Pseudonym im wirklichen Leben durchgesetzt. Beispiele wären hier Hans Fallada, der Rudolf Ditzen, Joachim Ringelnatz, der wiederum Hans Bötticher hieß. Ebenfalls selbstbestimmt sind politisch motivierte Namensänderungen, wie man sie bspw. von Lenin kennt, der zuvor Wladimir Uljanow hieß, oder auch Willy Brandt, der zuvor den umständlichen Namen Herbert Ernst Karl Frahm hatte (vgl. Seibicke 1982: 34-37; Debus 2003: 81). Fremdbestimmt sind hingegen Decknamen für Informanten/Spione, da diese zumeist von den Auftraggebern vergeben werden. Decknamen sollen, wie die Bezeichnung schon andeutet, die wahre Identität verbergen.

Für Frauen bestand in Deutschland bis 1994 die Pflicht, nach der Heirat den FN aufzugeben. Bezüglich der Identität bedeutete dies, dass eine neue Zusammengehörigkeit angezeigt werden soll. Nach der Reform des Familiennamen-Rechts im Jahre 1994, darf auch die Frau ihren FN weiter beibehalten (vgl. Debus 2003: 81).

4. Selektionsprinzipien und Probleme

Die Außenperspektive betrifft die Motivation der Namengebung und die Namenverwendung der Umgebung, während mit der Innenperspektive die Einstellung zum eigenen Namen gemeint ist. Die Namengebung gehört demnach zur ersteren. Zur Namengebung sei weiter gesagt, dass es verschiedene Selektionsprinzipien bei der Vornamenwahl gibt, wie z.B. „die Hilfe der Tradition, nach welcher ein „Rückgriff auf Vornamen, die in der Familie üblich sind; [oder auf] landschaftsgebundene Vornamen" (Seibicke 1982: 115) stattfindet; oder auch die literarische Hilfe bspw., bei welcher Namen von Dichtern und Schriftstellern oder Namen aus ihren Werken bevorzugt werden. Einen Einfluss auf die Identität der Kinder hat jedoch in größerem Maße das Selektionsprinzip der Originalität, sprich die Suche nach dem Ungewöhnlichen oder

7

Auffälligen (vgl. Seibicke 1982: 115). Die Originalitätssucht der Eltern kann als Konsequenz nach sich ziehen, dass die Eltern das Wohl des Kindes außer Acht lassen. „Man sollte bei Ausnahmen hier nicht zu kleinlich sein, sich aber gleichwohl von dem aus Amerika berichteten Beispiel abschrecken lassen, daß von der Medizin faszinierte Eltern ihre drei hintereinander geborenen Mädchen mit medizinischen Fachausdrücken, etwa „Meningitis", „Pneumonitis" und „Gastritis" benannten" (Diederichsen 1987: 82). In Fällen wie diesen kann zumindest in Deutschland dem in § 1626 II verankerten Wohl des Kindes Beachtung geschenkt werden. Hier wird der unbegrenzten Möglichkeit einer Vornamenwahl Einhalt geboten, weil die psychologischen Auswirkungen, die aus den Konflikten entstehen würden und die dann zwischen den Namensträgern und ihrer Umwelt ausgefochten werden müssen, keinen geringen Einfluss auf die Persönlichkeit hätten; zumal aus Befragungen herauskam, dass betroffene Kinder sich wünschten, wie die anderen zu heißen (vgl. Greule 1987: 96). Hier zeigt sich eine Diskrepanz zwischen der Außen- und der Innenperspektive, der Einstellung zum eigenen Namen also, die der Intention der Namengeber konträr gegenübersteht.

5. Literaturverzeichnis

Brendler, Silvio: *Nomematik, Identitätstheoretische Grundlagen der Namenforschung*, Hamburg **2008**.

Debus, Friedhelm: „Personennamengebung der Gegenwart im historischen Vergleich", in: *Zeitschrift für Literaturwissenschaft und Linguistik*, 17:67 (**1987**), S. 52-73.

Debus, Friedhelm: „Identitätsstiftende Funktion von Personennamen", in: Janich, Nina/ Thim-Mabrey, Christiane: *Sprachidentität – Identität durch Sprache*, Tübingen **2003**, S. 77-90.

Diederichsen, Uwe: „Rechtsprobleme von Vornamengebung, Nachnamenserwerb und Namensänderungen", in: *Zeitschrift für Literaturwissenschaft und Linguistik*, 17:67 (**1987**), S. 74-85.

Greule, Albrecht: „Urteile deutscher Gerichte zur Vornamenwahl", in: *Zeitschrift für Literaturwissenschaft und Linguistik*, 17:67 (**1987**), S. 86-98.

Lötscher, Andreas: „Der Name als lexikalische Einheit: Denotation und Konnotation", in: *Namenforschung, ein internationales Handbuch zur Onomastik* (HSK 11.1), Berlin/ New York **1995**, S. 448-57.

Prechtl, Peter/ Burkard, Franz-Peter: *Metzler Lexikon Philosophie*, 3. Aufl., Stuttgart/ Weimar **2008**.

Rödl, Sebastian: „Name", in: Sandkühler, Hans Jörg (Hrsg.): *Enzyklopädie Philosophie*, Bd. 2 (I-P), Hamburg **2010**, S. 1693, Sp. 2 – S. 1696, Sp. 2.

Seibicke, Wilfried: *Die Personennamen im Deutschen*, Berlin/New York **1982**.

Sonderegger, Stefan: „Die Bedeutsamkeit der Namen", in: *Zeitschrift für Literaturwissenschaft und Linguistik*, 17:67 (**1987**), S. 11-23.

Wimmer, Rainer: „Eigennamen im Rahmen einer allgemeinen Sprach- und Zeichentheorie", in: *Namenforschung, ein internationales Handbuch zur Onomastik* (HSK 11.1), Berlin/ New York **1995**, S. 372-79.